Leandro Bulgheroni

Die Gabe und der Sinn

Herstellung und Verlag:
BoD- Books on Demand, Norderstedt
ISBN: 978-3-7528-7800-4

Inhalt

Seelenfrieden

Du brauchst keine Augen zum Sehen

Nein, es lauert in deiner Seele

Fest in deinem Geiste mein Lieber

Da erkennst du ihn wieder

Den Weg, tief in deinem Wesen

Er lebt, gibt dir dein Leben

Er steckt in dir

Finde ihn und du wirst frei sein

Erweck ihn dir

Verbinde dich und er wird dein sein

Komm auf die Erde mein Freund

Werde voll Freud

Denn wenn du die Welt nicht liebst

Lebt sie verborgen

Und wenn du sie nicht hältst und wiegst

Geht sie verloren

An meine Schöpfer

An meine Schöpfer

Ihr, die mich erschuft

Aus dem Nichts

Kam ich daher

Das Licht

Gab mir die Seel

Und ihr

Das Fleisch und Blut

Oh, Mutter

Mein Leib du trugst

Mit deiner Liebe

Sei gepriesen

Oh Vater

Dein Geist, er ruht

In meinen Genen

Lass dich segnen

Auf der Tann

Ich hocke auf der Tann

Mitten in der Nacht

Mein Kopf ist im Bann

Von der schöpferischen Kraft

Des Silbermonds

Am Himmelsdom

Da schimmert er

Im Strahlenmeer

Und spiegelt sich in den Tiefen

Meiner Augen wieder

Aurora

Eines Morgens blühte

In voller Röte

Der Sonne Wonne

Der Himmel war hold

Schimmernd wie Gold

Die Wolken

Hatten Feuer gefangen

Mein Herz voll Freude

Und mit Glückseligkeit

Dieser Moment wurde

Zu einem Stück Ewigkeit

Gottes Hand

Milde Träume

Stille Freude

Liegt in Gottes Hand

Der uns gegeben

Die Gunst zu lieben

Und der Erde Land

Das Glück

Flüchtig halt ich es in der Hand

Brüchig und voller Angst,

Dass es mir entflieht

Da ist es schon passiert

Das Leben ist gut

Das Leben ist gut
Das Leben ist gut
Denn dein Wesen, es ruht
In einer Schale
Die zu erblühen weiss
Als Frühlingskleid

Und wenn sich der Sommer zeigt
Ist dein Bewusstsein
Wie das Fruchtfleisch
Voll gereift

Dein innerer Kern, das Herz
Ist bereit für den Herbst
Um zu welken, ruhend
Voller Weisheit und Tugend

Bis der Winter naht

Und der von Gott gegebene Krug

In welchem deine Seele ruht

Zerbricht

Dein Wesenszug erlischt

Dein Lebensblut

Zu Dunst verweht

So merke dir,

Wenn du in jener Stunde gehst

Das Leben ist gut

Das Leben ist gut

Das Leben ein Tanz

Das Leben ist kein Kampf

Nein, das Leben ist ein Tanz

Schwing das Tanzbein

Und du wirst erfahren,

Dass das Leben dich wird bejahen

Der Gigant

Wie ein Brilliant

Am Firmament endzündet

Zieht der Gigant

Über die Welt und mündet

Flimmernd vom Licht

Für immer im Nichts

Das Leben unerklärlich

Das Leben unerklärlich

Nicht zu verstehen

Es ist eben unentbehrlich

Dem Nichts zu entgehen

So kommt die Zeit

Da gehen wir zurück

In die Vollkommenheit

Der Weg dahin ist Glück

Der Weg und das Ziel

Der Weg das Leben

Das Ziel der Tod

Es scheint das eine zu geben,

Weil das andere ruht

Ist das andere erwacht,

So ist das Ziel vollbracht

Doch solange das eine

Das andere zum Schlafe zwingt,

Ist der Weg der wahre Sinn

Dichterbrot

Das Dichterbrot

Ist nicht so gross

Fast kümmerlich

Was kümmerts mich

Mein Herz

Brennt lichterloh

Die erlesene Kunst

Die erlesene Kunst der Poesie

Setz ich soeben in Szenerie

Mit beseelender Energie

Und jeglicher Melodie

Belebe ich sie

Aus meinem inneren Genie

Die Gabe und der Sinn

Die Gabe fragt den Sinn:

«Wie ist die Lage, wo geht es hin?»

Der Sinn entgegnet:

«Ich weiss nicht wohin des Lebens,

ich bin in Sinnfrage.»

Die Gabe: «Sinnfrage?»

Der Sinn: «Ja, Sinnfrage.»

Die Gabe in Rage: «Doch du bist der Sinn!»

Der Sinn: «Nein, ich weiss nicht wer ich bin!»

Die Gabe mit tiefer Stimmlage: «Hör zu, ich bin die Gabe, ich gib dir was.»

Der Sinn: «Was?»

Die Gabe: «Hingabe»

Der Sinn: «Vielen Dank.»

Die Gabe: «Hast du dich gefunden?»

Der Sinn: «Ja, die Sinnfrage ist verschwunden.»

Die Gabe überrascht: «Wie hast du das gemacht?»

Der Sinn: «Ich habe mich hingegeben.»

Die Gabe: «Und jetzt kannst du den Sinn verstehen?»

Der Sinn: «Ja.»

Die Gabe: «Auch ich habe mich hingegeben.»

Der Sinn: «Und, kannst du es auch sehen?»

Die Gabe: «Was?»

Der Sinn: «Mich!»

Die Gabe betrübt: «Nein.»

Der Sinn. «Zu was hast du dich hingegeben?»

Die Gabe: «Zu dir, zu des Sinnes Leben.»
Der Sinn: «Eben»

Die Gedanken und das Sein

Den Fluss als Metapher

Gedanken sind Wasser

Und das Sein, das Bett

Hältst du dich am Gedanken fest

So fliesst du einfach weg

Wie ein Floss

Löst du dich jedoch los

Dann sinkst du wie ein Stein

Und erreichst den Grund des Seins

Die Liebe

Die Liebe, das Wesen aller Dinge

Sie ist schon ewig hier

Und das Elixier

Unseres Seins

Sie weilt

In jeder Substanz

Und zeigt

Sich im Glanz

Der Unschuld wieder

Liebe wurde nicht erschaffen

Nein, sie ist

Sie kann nicht erblassen

Mit der Zeit der Frist

Sie ist vollumfänglich

Und bleibt wohl unendlich

Denn Liebe ist!

Die Mächte der Ewigkeit

Der Ewigkeit treibender Saft

Fliesst durch unser Dasein

Der Ewigkeit schweigende Kraft

Ruht in unserem Gewahrsein

Doch sind wir im Konflikt

Mit deren Mächten

Denn unser Geist erblickt

Nicht die Echten

Die Wogen des Unendlichen

Die Wogen des Unendlichen

Verschlingen mich

Verzweifelt halte ich

An irdischem Geschehen fest

Und an der Liebe und der Poesie

Damit es mich nicht gänzlich

In deren Soge zieht

Früher und Heute

Früher sah ich Farben

Heute sehe ich schwarz weiss

Früher war ich ganz rein

Heute habe ich Narben

Früher war ich losgelöst

Heute hafte ich

Früher war alles wohlig schön

Heute belastets mich

Früher konnte ich lachen

Heute habe ich Pein

Früher konnte ich Sein

Heute muss ich hasten

Früher dachte ich an das Heute

Heute denke ich an Morgen

Früher hatte ich Freude

Heute habe ich Sorgen

War früher alles besser?

Nein, ich habe nur vergessen

Garten Eden

In der schwindenden Ferne

Verbinden schimmernde Berge

Himmel und Erde

Wie Riesen, wachen sie monströs über Tal
und Land

Die Wiesen zeigen graziös ihr farbiges
Gewand

Lilien, Orchideen und Rosen entfalten

Sich in ihren schönsten Gestalten

Ein sausender, kühler Wind

Weht über das berauschende Frühlingsbild

Dem Zauber, der blüht

Und mich in meinem Herzen berührt

Kann ich jeden Tag begegnen

Es ist, als wäre ich im Garten Eden

Goethe

Oh Meister der Poesie

In deinem Geiste ein Genie

In dir ruhte das Universelle

Die Kraft der Natur

War deine innere Quelle

Dein Leben ein Eid

Aus Freud und Leid

Deine Seele, sie weilt

In deinen Werken

Deine Verse mit einer Tiefe,

Die bisher keiner schuf

Die Liebe

War dein Segen

Als auch dein Fluch

Nicht von ungefähr

Als Dichterfürst

Zu Lebenszeiten

Auf Ewigkeiten

Hat man dich gekürt

Herbstgedicht

Bald färben sich im Wald

Die Blätter schleichend bunt

Dann tänzeln sie sanft

Auf den weichen Grund

Dort bleiben sie liegen

Und ruhen in Frieden

Ich und Du

Ich und du

Wir sind verschieden

Ich kann nicht hassen

Du nicht lieben

Bei dir ist Krieg

Bei mir der Frieden

Du wirst verachtet

Ich gepriesen

Du hast Zorn

Ich bin milde

Du bist Sturm

Ich die Stille

Du bist die Form

Ich die Fülle

Du zerfällst

Ich bleib

Du bist die Welt

Und ich der Geist

Im stillen Kämmerlein

Im stillen Kämmerlein

Da hämmert mein

Herz einen Vers

Reim für Reim

Hinein in Stein

Lebenselixier

Solange ich noch beständig bin

Halte ich meine Hände hin

Auch wenn ich eines Tages enden soll

Sind meine Hände voll

Voll mit Lebenselixier

Denn deswegen bin ich hier

Mein Sonett

Mein Sonett

Ist nicht so nett

Mein Sonett

Ist das Hinterletzt

Es hetzt, entsetzt

Und verletzt

Ob blöd, ob bös

Oder obszön,

Mein Sonett

Es schreit

So fest

Mein Sonett

Es Heisst

Tourette

Oh, die See

Oh, die See

Oh, die See

Eine Idylle

Der Stille und Fülle,

Die mich stumm verführt

Und zugleich

So wild und ungestüm

Ins Wunder führt

Oh, die See

Oh, die See

Schau ins Gesicht

Schau ins Gesicht

Meines Gedichts

Lausch wie es spricht

Und verzaubere dich

Schmerz und Kunst

Schwermut beginnt zu reimen

Schmerz und Kunst wird zu einem

Aus Leid gedeiht ein Zweig

Tränen verwandeln sich in eine Perle

Das Leben, es schreibt seine Verse

Seeluft

Meine Seel sucht

In Sehnsucht

Nach Seeluft

Das Meer auf

Die See rauscht

Wunderschön

Wenn das Wellenbrechen

In der Ruh ertönt

Sommernacht

Der Donner faucht

Im Wolkenrauch

Regen fällt

Ins Nebelfeld

Blitze zischen

Mit Lichterspitzen

In den Finsternissen

Der Himmel leuchtet hell auf

Der Wind saust

Durch die Bäume

Es tobt und weht

Der Boden bebt

Oben steht

Der Zeus mit Zepter

Und betrachtet stets

Mit Freud das Wetter

Trauergedicht

Auch wenn es dich

Vor Trauer zerfrisst

Bedauere nicht

Die Dauer der Frist

Denn im Grauen ist Licht

Unter dem Erlenbaum

Ich lieg unter dem Erlenbaum

Und sieh zu den Sternen auf

Das ferne Blau

Angehaucht im Perlensaum

Meine Sinne verzaubert

Von der Pracht der Nacht

Die Winde, sie plaudern

Sacht in mein Ohr

Derweil kann ich ihn sehen

Den grossen Bären

Am Himmelstor

Die Seel der Zeit

Wasser

Die Seel der Zeit

Schau in sein Auge

Und erfasse

Das Tor zur Ewigkeit

Weisse Schönheit

Wenn in Kriegen

Das Böse spricht

So bist du der Frieden

Und die Zuversicht

Falls in Schreckenszeit

Die Liebe nach Hilfe schreit

Weil der Hass alles zerstört

Dann bist du die, die uns erhört

Du heiliges Geschöpf

So weiss, so rein

Dein Federlein

Wie ich mich daran ergötz

Zurück ins Selbst

Wir suchen verzweifelt

Was nicht zu finden ist,

Weil es nicht da draussen

Sondern im Innern ist

Wir sollten zurück ins Selbst

In den Ursprung

Das Glück in der Welt

Ist ein Irrtum

Nichts als eine Hülle

Aus materiellen Werten

Die wahre Fülle

Liegt im Herzen